Frauen in der Buchhandlung

4321

Nina George

Frauen in der Buchhandlung

THIELE VERLAG

Ist es nicht eine Freude,
ein neues Buch zu finden,
ein lebendiges Buch – und zu
wissen, dass es uns das ganze
Leben begleiten wird?

KATHERINE MANSFIELD

FICTION
Deux roues
un avenir

Wenn du zufällig an der
Buchhandlung
vorbeikommst,
küsst du sie für mich?
Ich verdanke ihr so viel.

HELENE HANFF, *84 Charing Cross Road*

NINA GEORGE

Frauen in der Buchhandlung – die Revolution

Jedes Mal, wenn eine Frau eine Buchhandlung betritt, von einer Buchhändlerin begrüßt wird und sich zu den Romanen und Sachbüchern aus weiblicher Feder beraten lässt, sehen wir eine Revolution.

Sie ist sehr diskret, und die wenigsten werden sie auf Anhieb als solche erkennen. Es fehlen unter anderem brennende Barrikaden, skandierende Sprechchöre und implodierende Büstenhalter, die quer über die Neuerscheinungen in Kassennähe segeln und ein Rudel Tonies umwerfen.

Aber wenn man die Historie von lesenden Frauen, schreibenden Frauen und vor allem: buchhandelnden Frauen ein klein wenig kennt, dann weiß man, es ist nichts weniger als ein Akt der Revolution, als Frau einen Buchladen zu betreten, ohne dass man des Hauses verwiesen wird, und, *shocking!*, auch noch von einer anderen Frau beraten zu werden, und, *Abendlandsuntergang!*, ein von einer Frau verfasstes Buch zu erwerben.

Wir Drei – die Autorin, die Leserin, die Händlerin im Jahr 2022 – wir sind die Kinder einer stur errungenen Freiheit, die gerade mal hundert Jahre alt ist. Und so richtig stabil erst seit den 1970er Jahren, jene Dekade, die auch für den Buchhandel entscheidend war.

Schreiben als Frau

Doch von Anfang an: Am 11. November 1987 – ich war 14 – verriet ich meiner Großmutter zwei meiner intimsten Geheimnisse: Ich fälschte meine Tagebücher mit komplett ausgedachten Ereignissen. Und: Ich will Schriftstellerin werden! Sie erwiderte erschüttert: »Aber, Kind! Schriftstellerin?! So findest du doch nie einen Mann!«

Sie zählte mir auf, welche Autorinnen sich umgebracht hatten: Kopf in den Gasofen (Sylvia Plath), Steine in die Taschen (Virginia Woolf), Vergiften im Wald (Karin Boye). Ein liederliches, gefährliches Leben läge vor mir, weil eine Frau, die schreibt, Männer verschreckt, keinen Haushalt führen kann und den Herd nur aufsucht, um sich an der heißen Kochplatte eine Zigarette anzuzünden.

Diese Aussicht kam mir zutiefst verlockend vor.

Man stelle sich kurz einmal vor, dass ein junger Mann sich das hätte anhören müssen. »Martin! Günter! Thomas! Was willst du werden, Buchautor? Nix da! So findest du bestimmt keine Frau und wirst nur depressiv, du wirst jetzt Bürokaufmann!«

Mit 16 besorgte ich mir einen Job als Tresenkraft, kaufte mir eine Schreibmaschine und begann, meine Familie ernsthaft zu beunruhigen. Natürlich hatte ich keine Ahnung, wie das geht: Schriftstellerin werden. Es gab auch Anfang der 1990er Jahre keine Schreibkurse, sondern den Genie-Mythos:

Die Muse träufelte Inspiration vorzugsweise in auserwählte männliche Gehirne, die am erhobenen Zeigefinger und einer schwartigen Dichterjoppe nebst schlackernden Rotweinbäckchen zu erkennen waren. Weibliche Vorbilder? Mangelware, außer Extremvarianten: Ingeborg Bachmann als Jahrhundert-Ausnahme, und Utta Danella, die zwar alle lasen, doch keiner so richtig dolle ernst nahm.

Schreiben, als Frau? – das war Anmaßung. 1990. Die Älteren werden sich daran erinnern.

2013, mit 39 und einer Titanbandscheibe (pink) im Genick, landete ich meinen ersten internationalen Bestseller, *Das Lavendelzimmer*. Ich hatte die zweifelhafte Ehre, von dem

Drehorgeläffchen und mittlerweile zum Buchverbrenner mutierten Dennis Scheck in die Tonne geklopft, und die charmante Satisfaktion, von Oprah Winfrey in den Himmel gelobt zu werden. Ich habe zwanzig Jahre gebraucht, um über Nacht berühmt zu werden.

Zwanzig Jahre, in denen es stets Frauen waren, die meine Arbeit veredelten und verkauften: Wenn ich einen Roman frei gebe, läuft er durchweg durch weibliche Hände und Gehirne. Frauen sind Agentinnen – meine beiden haben stets geladene Revolver im Verbalgürtel –, Frauen lektorieren, übersetzen, rücken schiefe Metaphern gerade, betüddeln neurotische Schreibseelen, organisieren Messen, versorgen die Presse. Frauen sind die unsichtbare Armee, die hinter den Büchern steht, die jetzt hier um Sie herumstehen, wenn Sie gerade zufällig in einem Buchladen sein sollten, was ich Ihnen zutiefst wünsche (denn gibt es einen schöneren Ort von Zuflucht und Demokratie?).

Frauen als Buchhändlerinnen

Und dann? Dann übergeben diese Weisen der Literatur an die Buchhändlerinnen. Männer sind mit dem *-innen* nur marginal mitgemeint, denn der Buchhandel

ist weiblich. Leider nur selten in den leitenden Funktionen, aber das ist eine andere Geschichte.

Dass die meisten Buchhändlerinnen Frauen sind, ist übrigens auch alles andere als selbstverständlich.

Noch vor kaum hundert und etwas Jahren hielten es die Herren im bis dato rein männlich dominierten Buchhandel für unerträglich, dass sie den geistigen Feinstoff auf einmal – laut dieser putzigen Regelung von nationalem Gesetz und Verlautbarung des Börsenvereins des Deutschen Buchhandels –, Seite an Seite mit den »dummen Frauenzimmern« (Zitat) verkaufen sollten. Nur weil die auf einmal von Porzellanmalerei auf Nietzsche umsatteln wollten!

Die verschreckten, fragilen männlichen Buchhandlungsgesellen argumentierten mit der Frage der Schicklichkeit: »Sollten achtbare Frauen gezwungen werden, einem jungen Lebemann die neusten Pikanterien vorzulegen?« – ach Liebelein, will man da opportunistisch seufzen, hätte das denn den literarischen Unfall *Fifty Shades of Grey* verhindern können?

Im Börsenblatt von 1895 findet sich ein Verleger[1], der Frauen als Buchhändlerinnen kategorisch ablehnt, unter anderem wegen ihrer »intellektuellen Defizite«. Ein anderer[2] beschwerte sich, die Sortimenterin als solche besäße zu wenig »Anmutiges«, vor allem, wenn sich ihr Körperbau aufgrund des Wannenhebens verändere und sie, oh Graus!, die Haare kurz schneide und begänne, Hosen zu tragen. Und ein dritter[3] weigerte sich, Autorinnen zu verlegen, einfach »aus Princip«, und weil Frauen nun mal nicht schöpfen und zeugen, sondern aufnehmen und transferieren. Männer, ja, die schufen Literatur, und Frauen, die schufen eben ... tja ... maximal: *Frauenbücher.*

Als es immer weniger zu vermeiden war, dass die Weibsbilder munter mittun, galt der letzte Hilferuf der Buchhandelsgesellen um

1905 in Form eines gemeinschaftlichen Appells an den Börsenverein, dass Frauen aber bitte, bitte wenigstens nicht Chefinnen im Laden werden dürften. Das sei einem Mann nun wirklich nicht zuzumuten! Nun ja. Bekanntlich leiden manche Herren bis heute noch an dieser Umgewöhnungsphase.

Auf der anderen Seite des Atlantiks, einige Jahre später. Am 29. Oktober 1917, zwei Tage nach dem großen Frauenwahlrechtsmarsch auf der Fifth Avenue, trafen sich in New York City zum ersten Mal fünfzehn Buchhändlerinnen.

Angestachelt durch den Kampf um das Frauenwahlrecht schlossen sie sich zusam-

men, um für die Gleichberechtigung der Frauen auch im Buchhandel zu kämpfen – vor allem, da sie von den rein männlichen Buchhändlerorganisationen ebenso ausgeschlossen waren wie Frauen zu jener Zeit von allem möglichem. Madge Jenison, eine der Gründerinnen der WNBA und ihre zweite Präsidentin, schrieb über den idealistischen Grundton, der die Gründung prägte: *Die Women's National Book Association wurde gegründet, als es um große Ideen ging. Es war in den Jahren des Ersten Weltkriegs. Große Ideen über die Zivilisation und was wir von ihr wollen; wie wir alles, was wir haben, behalten – und noch mehr bekommen können. Es schien uns, dass Bücher*

SERMONS
NOVELS
Romances

Tales
Voyages & Travels
124
123
plays

Macht haben … dass, wenn wir ein Arbeitsgremium all derer schaffen könnten, die mit der Verbreitung von Ideen in Büchern zu tun haben … wenn wir eine solche Organisation gründen könnten, hätten wir einen Mechanismus, durch den wir unser Gewicht en masse hinter alles werfen könnten, an das wir glauben; dass wir sogar den Krieg stoppen könnten, wenn unsere Organisation vollständig und stark genug wäre. Bücher sind eine Stufe über den Zeitungen, Zeitschriften und dem Radio. Sie sind das Beste, was es gibt. Und es erscheint uns logisch, dass Frauen ein solches Unternehmen wie dieses in Angriff nehmen.[4]

Es erscheint zumindest mir von schlüssigster Schönheit, dass es um nichts weniger

als Weltrettung ging. Was auch sonst? Die WNBA stellte in den nächsten Jahren verdammt viel auf die Beine – Neuordungen der Buchläden. Förderung der Sachbuchkultur von Frauen. US-Präsidenten wurden regelmäßig mit einer Auswahl Bücher bestückt, um ihre Menschenbildung voranzutreiben. Jahrbücher, die die wichtigsten Bücher von Frauen prominent darstellten, Preise, *der Monat der Frauen, die die Geschichte prägten*: Ja, diese Buchhändlerinnen machten in der Tat einen Unterschied. Und rodeten mit ihrer Entscheidung, welche Bücher sie von wem verkauften oder förderten, eine Schneise in die männlich besetzte Buchkultur. Und das auf allen Gebieten: des Schreibens, des Ausgezeichnetwerdens, des Rezensiertwerdens, der Kanonisierung. Das kann einer Demokratie nur guttun.

Die Macht der Bücherfrauen

Wissen die Buchhändlerinnen von heute um diese Macht? Gibt es so etwas wie ein Women's Committee oder wenigstens eine IG Diversität oder einen Ausschuss im Börsenverein? Nachgeschlagen: Nein. Schade. *Die BücherFrauen – Women in Publishing*, füllen viele dieser Möglichkeitslücken.

Aber träumen wir mal laut: Was wäre, wenn dies noch organisierter vonstatten ginge? Wenn Kanzlerinnen oder Kanzler mit Büchern versorgt würden, um Themen zu setzen? Wenn Buchhandlungen gründlich auf einen Rollback und die Re-Konservativierung der Kinderbücher untersucht würden? Wenn Tische mit Werken von syrischen, belarussischen, senegalesischen Autorinnen gefüllt würden, und, ja, auch Autoren?

Wenn sie um sich griffe, diese *Große Idee*, als Buchhändlerin in den Lauf der Welt einzugreifen?

Die Feminisierung einer Branche

Zurück zum Geschichtsausflug, und dann flugs zurück in die Gegenwart: Mit Ende des Ersten Weltkrieges war die Feminisierung der Branche nicht mehr aufzuhalten, und ab Mitte der 1960er Jahre gab es mehr Frauen als Männer in der verlegenden wie verkaufenden Buchbranche, zumindest in Deutschland.

Aber, aber, aber: Noch lange war nicht alles fein. Weiterhin blieben maskuline Buchhändler skeptisch, was die Kundin als solches anging; Buchladenbesitzer der

1960er- und 1970er Jahre in Großbritannien etwa waren überzeugt, dass weibliche Kunden eher frivole Wünsche äußerten als »ernsthafte« politische oder intellektuelle Anliegen vorzubringen. Entsprechend waren die Läden in »Für Frauen« und »Für Männer« eingeteilt. Vermutlich denkt das deutsche Feuilleton bis heute so, aber, gut, auch das ist eine andere Geschichte, bei der wir die Revolution eher noch vor uns haben.

Viele Buchhandlungen waren bis in die frühen 1980er Jahre für Frauen mit Kindern ebenfalls nicht zugänglich. Das Thema Leseförderung oder Kinder rechtzeitig mit Büchern vertraut zu machen, war noch so weit weg wie die Idee, eines Tages online Bücher lesen zu können, oder ein durchgeknallter Online-Retailer, der zum Mond fliegt, mit all den schönen Rabatten und Tantiemen, die er Autoren, Autorinnen und dem stationären Handel vorenthalten hat. Und außerdem: Dieses ganze Gepatsche von Fingerhänden auf Adorno und Grass, *bah non!* Bücher, die gar das Thema Feminismus, oder, *hui!*, lesbische Liebe! behandelten, wurden entsprechend eher im Keller ausgestellt.

Ehrlich, das war eigentlich alles eben gerade noch. Als Tochter der 1970er Jahre kenne ich die Evolution des Buchhandels durch das eigene Erleben als Buchhandelskundin.

Es gab zwei Buchhandlungen in meinem provinziellem Städtchen Bad Pyrmont, beschaulich eingebettet im Weserbergland, zwischen psychosomatischen Kliniken und in einer Zeit, in der Bücherschreiben immer noch großen männlichen Geistern vorbehalten war. Und Lesen ein exotisches Hobby für altkluge Mädchen, denen eingedrillt wurde, sich auf GARKEINENFALL für eine Karriere als »Emanze« zu interessieren.

Die Buchhandlung Heuer besaß auf drei grell illuminierten Etagen ihre Geschäftsräume für die Kurgäste und bot hauptsächlich schnelldrehende Bestseller und noch schneller drehende Gesundheitsratgeber. Die andere Buchhandlung, Rimkus, führte einen engen Laden unter hundert Jahre alten Linden, die verhinderten, dass das Sonnenlicht den Eingang unnötig erhellte, und die Schaufenster mit einem feinen Film aus Pollenstaub überzogen, der die Neugier auf die dahinter liegenden, leider unlesbaren Titel ins Unermessliche steigerte. Die Auslagen in den Schaukästen an der Hauswand änderten sich nie und vermittelten das beruhigende Gefühl, dass es Orte in der Welt gibt, an denen sich nichts, aber auch rein gar nichts je ändert.

Der enge Raum der Buchhandlung Rimkus war vollgestopft mit Büchern aller Epochen. Und natürlich zog er mich magisch an; es galt als Mutprobe, diese Kommerzstätte, die sich jedem Interesse an Kommerz feindselig verweigerte, zu betreten.

Als ich diesen gestrandeten, dunklen Wal durch sein düsteres Maul betrat, und aus dem Dunkel heraus Büchertürme, Zauberberge und Versprechen auf die große Erkenntnis zu ungefähr allem emporwuchsen, grollte aus der entferntesten Ecke heraus Rimkus' körperlose Stimme: »Was willst du!«

»Ähm ... haben Sie *Hanni und Nanni*?«

»Nein!«

Schweigen.

Ich sah auf die Bücher, die direkt vor mir lagen. Die einzigen Schätze, die auf Erden wichtig sind. Aber der Buchhändler war ihr Schwellenhüter, und ich hatte seine Prüfung nicht bestanden.

Ich floh. Tränen in den Augen, nicht gut genug für ihn zu sein.

Bis ich Ende Zwanzig war, fühlte ich mich entsprechend in Buchhandlungen wie bei der Fahrprüfung. Das lag vermutlich an der Gattung *Homo Librarius Rimkus*, dessen einzigartiges Verhalten mir das Trauma im Morgengrauen der Kindheit bescherte, für das Heben des Geistigen Schatzes einen zu schwachen und vor allem allzu weiblichen Charakter zu besitzen. Spöttisches Lächeln, Augenbrauenzucken, gequältes Ausatmen bei

History
Westminster
and its
Monuments

Just
Published

Vernehmen der gewünschten Buchtitel – ach, es ist so einfach, Missbilligung auszudrücken und mir zwar nicht die Freude am Buch, aber die Freude am Buchhandel zu vermiesen.

Ich bin mir sicher, die Spezies Rimkus lebt immer noch, berauscht vom mühsam erworbenen Wissen, von privilegierter Bildung und maskulin ausgerichtetem E-Kanon, und beseelt von einem einzigartigen Drang, die Kundschaft ebenso zu belehren – »Also, *diese* Übersetzung von Dante sollten Sie auf keinen Fall nehmen« – »Kant können Sie nur dann verstehen, wenn Sie vorher Marx gelesen haben, vor allem, warum dieser Unrecht hatte«. Egal ob die Kundschaft will oder nicht.

LIBRAIRIE

La librairie est un magasin si intéressant que Martine et Pierrot le préfèrent à tout autre.

N'est-ce pas merveilleux que de pouvoir, en ouvrant un livre, se trouver soudain en plein cœur de la forêt-vierge ou dans les régions glacées de l'Arctique? Ou connaître, grâce au livre, la vie des hommes illustres, apprendre comment les plantes croissent, à quel moment les oiseaux font leur nid, de quelle manière les abeilles recueillent le miel et cent autres choses passionnantes?

Y a-t-il rien de plus beau que de lire les contes et légendes d'autrefois?

Et tout cela sans sortir du magasin!

Aujourd'hui Pierrot a besoin d'une histoire de France, Martine de cahiers. S'ils continuent à bien travailler à l'école, ils recevront un beau stylo Rex et un gros dictionnaire comme on en voit sur les rayons.

Jean, lui, veut acheter un tube de couleur, un compas pour les leçons de dessin et un journal pour son père.

"Que ce doit être agréable de vivre ici, se dit Martine songeuse, quand je serai grande, je serai libraire!"

Die wunderbare Buchhändlerin

Aber dann gibt es ja noch die Anderen. Die Buchhändlerin, die sogar dann noch lächelt, wenn man verzweifelt versucht, auf den Titel des Buches zu kommen, das neulich so schön irgendwo besprochen wurde. Von dem Dings. Oder war's die Bimms? Aber der Umschlag war blau! Vermutlich. Oder? Diese Peinlichkeit! Dieses Glück, wenn sie trotzdem darauf kommt! Diese zarte Menschenrücksicht, dass sie einem nicht vorwirft, vergesslich, ignorant und eine unerträgliche Banausin zu sein! (Und natürlich war der Umschlag gelb).

Und diese Kleinigkeit namens Exzentrik, die so mancher wunderbaren Buchhändlerin innewohnt. Und Übermut. Und den festen Willen, nicht nur Bücher zu verkaufen, sondern Themen, Ideen, Diskurse, Träume, Welten, Fluchten, Ankommen. Mit ihrer Buchhandlung nicht nur Durchlaufort zu sein, sondern Bleibeort. Wiederkommort. Ein Ort, der mehr ist als ein Warengeschäft. Denn diese Ware wird dort auf schmalem Grat zwischen unbezahlbarer Geistesnahrung und Marktwirtschaft, zwischen Emotion und Kalkulation verkauft, auf diese ganz bestimmte Art, wie es nur noch in Büchern über heimliche Heldinnen erzählt wird.

22720A
MASS 36
95055

Und diese Heldinnen, die verwandeln einen Buchladen in ein Zuhause, in dem ich mich sicher fühle und gleichzeitig immer sicher sein kann, dass er mich überrascht. In einen Platz, der Herzensheimat ist. In dem es nicht um die Ware geht, sondern um das Wahre. In einen Ort der letzten existierenden Alchemie, wo uns das, was wir lieben – Bücher! – zusammenführt.

Buchhändlerinnen sind sowieso ein erstaunlicher, schussfester Typus, der lesend und spürend und beobachtend die menschliche Seele durchleuchtet, zielsicherer als eine Psychologin mit dreißig Jahren Zuhörtinnitus. Und der dennoch Menschen mag, *o wei!*, allein das schon ein Geschenk an die Menschheit! Wer sonst lässt sich darauf ein, so einen wahnwitzigen Beruf zu ergreifen? Und zu handeln mit etwas, das unverhandelbar ist: Leben. Bücher können Medizin, Freunde, Erzieherin, Affäre, Flucht und Bildung sein, sie können retten, verändern, erleichtern, sie sorgen dafür, dass wir mit Werten und pluralistischen Lebensentwürfen aufwachsen. Bücher sind das Rückgrat einer freien Gesellschaft, der Atem der eigenen Existenz, der Resonanzboden für die Entwicklung des eigenen Ich.

Was Bücher können

Und, nein: Es ist nicht so, dass Bücher eine Wellness-Oase sind. Sie machen seltsame Sachen mit uns, sie bringen uns Krieg und Angst und Wut ganz nah, sie stören uns mit anderer Leute Meinung, und gleichzeitig vertiefen sie den inneren Resonanzraum. Sie bringen uns immer wieder in den Bereich dieser gefährlichen Fragen, die sich Homo Sapiens aufgrund seiner zufälligen Existenz in Wiederholungsschleife stellt: Wer bin ich? Wer kann ich sein? Wo soll das alles hinführen? Was ist hier überhaupt los?

AAC ASIMOV
Nathaniel Hawthorne

ITALO CALVINO
Juan Rulfo Juan Rulfo Juan Rulfo
JUAN RULFO

Ich sagte mir,
dass, solange es
Bücher gebe,
das **Glück**
mir sicher sei.

SIMONE DE BEAUVOIR

Bücher sind aufgrund ihrer unmittelbaren Wirkung auf Gehirn, Emotion und Körper die wirksamsten Vermittler von Empathie und fremden Gefühlswelten. Sie erlauben uns, eine kognitive, soziale Haltung einzunehmen, uns selbst zu erforschen, mit einer Schaufel die Abgründe und Höhen unserer selbst auszugraben, auf Widrigkeiten zu stoßen, ohne dass es jemand von außen mitbekommt: Huch, ja, ich würde auch gern mal fremdgehen. Huch, ja, so ein Affektmord im Berliner Bus erscheint mir an manchen Tagen gar nicht abwegig. Huch, nein, ich hätte zu viel Angst, die Welt zu retten … aber ich könnte das Catering bei den Avengers machen.

DICKENS
THE YELLOW BOOK
SHAKESPEARE

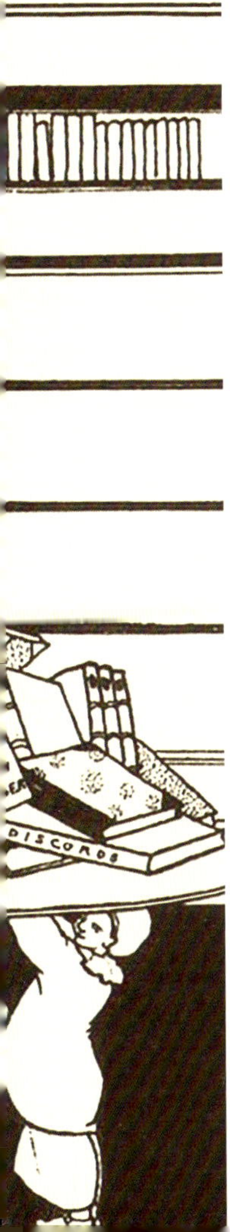

Auch Heldinnen müssen mal Schnittchen essen.

Wer sich selbst kennt, ist nicht hilflos. Nicht manipulierbar. Sie läuft nicht auf der Straße rum und skandiert Hass. Ich sage deshalb bewusst »sie«, da Frauen, zumindest nach allerlei Statistiken, mehr lesen, mehr Bücher kaufen und seltener dämliche Kriege anzetteln. Guckt man sich so auf der Welt um, macht das auf einmal logischen Sinn: Wer viel, viel, viel liest, ist weniger anfällig, sich als Selbstmordattentäterin auf einen Jerusalemer Marktplatz zu stellen, wählt seltener bösartige Narzissten wie Trump, lässt sich nicht so naiv für Verschwörungstheorien missbrauchen und … Ich könnte hier seitenlang vor mich hin schnurren, lasse das aber an dieser Stelle mal und erwähne nur noch, dass Bücher für mich das absolut nötige Gegengewicht zur Realität sind. Ich kann problemlos Terry Pratchett, Sigrid Nunez, Vanessa Springora und Robert Seethaler parallel lesen, um der Welt zu entkommen, und ihr gleichzeitig näher denn je zu sein.

Aber: Ich bin nur *ein* möglicher Typus einer Buchkäuferin. Frauen in der Buchhandlung sind ein Kaleidoskop der ganzen Welt. Und damit möchte ich den kleinen Ausflug in die Revolution ausleiten – mit einer Ode an die Buchkäuferin, an die Leserin, an all die Frauen, die die Revolution des Schreibens, Handelns und Lesens weitertragen:

Die Lesende Frau

Die Lesende Frau hat den Mächtigen stets am meisten Sorge bereitet. Sie ist ihnen zu frei. Ihre gefährliche Verbündete ist die Literatur, denn vor einem Buch sind alle Menschen gleich.

Die Lesende Frau beherrscht ein Reich, das nur ihr gehört, und erschafft unantastbare Welten – romantische, politische, ungehorsame. Sie ist eine Zeitenspringerin, sie geht in den Schuhen der Heldinnen, der Hilflosen, der Liebenden, der Verlassenen, sie stellt sich Angst und Triumph, sie lebt in Dörfern, Schlössern, Höhlen, Wäldern, Kellern, auf treibenden Booten, sie ist den Wundern so aufgeschlossen gegenüber wie der Wissenschaft.

Sie geht in den Krieg und lernt ihn zu hassen, sie geht in den Kummer der verlorenen Liebe und lernt, den Preis dafür zu akzeptieren oder in Frage zu stellen. Und sie stellt sich selbst in Frage – vermutlich das größte Wagnis.

Die Lesende Frau kennt sich nach all den Jahren, nach Tausenden Seiten Gespräch mit sich selbst gut genug, auf eine intime, ruhige Weise. Sie braucht niemanden mehr, der ihr sagt, wer sie ist, und wer die anderen – denn all die Anderen leben längst in ihr. Bücher: das ist die Menschheit, und sie versammelt sich in der Lesenden.

Die Lesende Frau, sie ist es, die das Leben täglich rettet; denn kommt sie zurück aus einem Buch, dann liebt sie, erneut, noch freier, dann denkt sie, erneut, noch eigener, und dann lebt sie, erneut, mit der großen Offenheit, Menschenkenntnis, Wachsamkeit und Hingabe, wie es ihr die Bücher ihrer lesenden Jahre erzählt haben.

Und oft ist die Lesende jene, die bereit ist, die Freiheit täglich aufs Neue zu erringen. Weswegen es nur nachvollziehbar ist, dass die Revolutionen dieser Zeit ein weibliches Gesicht haben, schauen Sie nach Belarus, nach Polen, nach Ungarn, nach Afrika, in die Türkei, schauen Sie, schauen Sie! Das kommt dabei heraus, wenn man in eine

Buchhandlung geht und liest und andere Bücher nach Hause schleppt, Beutebücher, um die Töchter und Mütter und Tanten und Cousinen und Freundinnen anzustecken mit dem Hunger auf eine unermessliche Welt, in der die Grenzen nur jene im Kopf sind; und diese niederzureißen, und aus dieser Allesmöglichkeit ein Morgen zu schöpfen, in dem wir einander sehen, und verstehen, und achten.

Welt, Welt, was tätest du nur ohne
Die Lesende Frau!
Untergehen, vermutlich.

BOOKS
Music sheets
CARDS

DARKMANS
THE WORKS
DON DELILLO
INDIAN KILLER

ECO
Ben Elton
CHARLOTTE GRAY
HAUSFRAU
VIPER WINE
JONATHAN FRANZEN
COMMONWEALTH
SUPERMARKET
OUTLAWS

Was hast du vor dir, wenn du ein Buch aufschlägst? Kleine, schwarze Zeichen auf hellem Grunde. Du siehst sie an, und sie verwandeln sich in klingende Worte, die erzählen, schildern, belehren. In die Tiefen der Wissenschaft führen sie dich ein, enthüllen dir die Geheimnisse der Menschenseele, erwecken dein Mitgefühl, deine Entrüstung, deinen Hass, deine Begeisterung. Sie vermögen dich in Märchenländer zu zaubern, Landschaften von wunderbarer Schönheit vor dir entstehen zu lassen, dich in die sengende Wüstenluft zu versetzen, in den starren Frost der Eisregionen. Das Wer-

den und Vergehen der Welten vermögen sie dich kennen, die Unermesslichkeit des Alls dich ahnen zu lassen. Sie können dir Glauben und Mut und Hoffnung rauben, verstehen deine gemeinsten Leidenschaften zu wecken, deine niedrigsten Triebe als die vor allen berechtigten zu feiern. Sie können auch die gegenteiligen, die höchsten und edelsten Gedanken und Gefühle in dir zur Entfaltung bringen, dich zu großen Taten begeistern, die feinsten, dir selbst kaum bewussten Regungen deiner Seele in kraftvolles Schwingen versetzen.

MARIE VON EBNER-ESCHENBACH

The Solubility of Salt?
Salters' Ways?
The salt mines (!)
'BOOKSELLERS. YOU ARE THE SALT OF THE EARTH... I SEE BOOKSTORES AS CITADELS OF LIGHT THAT CIVILISE THE NEIGHBOURHOODS THEY ARE IN'
THE INTERNET THREATENS TO MAKE BOOKS REDUNDANT. IN A PASSIONATE SPEECH, JOHN UPDIKE URGES AMERICA'S BOOKSELLERS TO DEFEND THEIR CORNERS – AND OUR SOULS
A Land flowing in Milk and

SHAKESPEARE AND COM

Statt ein Datum für die Eröffnung meiner Buchhandlung festzulegen, beschloss ich, sie einfach aufzumachen, sobald sie fertig war. Schließlich kam der Tag, an dem alle Bücher, die ich mir leisten konnte, auf den Regalen standen und man im Laden herumgehen konnte, ohne über Leitern und Kübel mit Farbe zu stolpern.

SYLVIA BEACH

Buchhändlerin des ersten

Shakespeare and Company, *Paris*

Die Buchhandlung war berühmt geworden. Sie steckte immer voll von neuen und alten Kunden, und mehr und mehr wurde in Zeitungen und Zeitschriften über sie geschrieben. Man zeigte sie sogar den Touristen der American Express, wenn sie vorüberfuhren – in Autobussen, die ein paar Sekunden vor Nr. 12 stehenblieben.

SYLVIA BEACH

Buchhändlerin des ersten

Shakespeare and Company, *Paris*

AND

Ich habe mich
in alles auf einmal
verliebt:
in Paris, den Laden,
die Literatur.

SYLVIA WHITMAN

Shakespeare and Company, Paris

THIS IS THE
ANTIQUARIAN.
MAIN BOOKSHOP IS
TO YOUR RIGHT
Festival
and Co
Storytelling
& Politics
Paris France

Zu wissen, dass
am Ende eines langen
Tages ein gutes Buch
auf einen wartet,
macht den Tag
fröhlicher.

KATHLEEN NORRIS

Ein Brausen von Worten fängt an in meinem Kopf und dann ein Leuchten, einige Silben flimmern schon auf, und aus allen Satzschachteln fliegen bunte Kommas, und die Punkte, die einmal schwarz waren, schweben aufgeblasen zu Luftballons an meine Hirndecke, denn in dem Buch, das herrlich ist und das ich also zu finden anfange, wird alles Sein wie Esulate Jubilate. Wenn es dieses Buch geben sollte, und eines Tages wird es das geben müssen, wird man sich vor Freude auf den Boden werfen, bloß weil man eine Seite daraus gelesen hat, man wird einen Luftsprung tun, es wird einem geholfen sein, man liest weiter und beißt sich in die Hand, um vor Freude nicht aufschreien zu müssen, es ist kaum auszuhalten, und wenn man auf dem Fensterbrett sitzt und weiterliest, wirft man den Leuten auf der Straße Konfetti hinunter, damit sie erstaunt stehenbleiben, als wären sie in einen Karneval geraten, und man wirft Äpfel und Nüsse, Datteln und Feigen hinunter, als wäre Nikolaustag, man beugt sich, ganz schwindelfrei, aus dem Fenster und schreit: Hört nur, hört! schaut nur, schaut! ich habe etwas Wunderbares gelesen, darf ich es euch vorlesen, kommt näher alle, es ist zu wunderbar!

INGEBORG BACHMANN

Ich bin vorsichtig geworden,
zögerlich in der Empfehlung,
langsam und unschlüssig. Nur
mein Vertrauen ist ungebrochen.
Daß mir das Beste nicht
entgeht. Denn immer ist
Überraschung
im Spiel, unerwartete Schätze,
die zu leuchten beginnen, sobald
man die erste Seite aufschlägt.

FELICITAS HOPPE

Auden

Serpent and the Moon
Serpent and the Moon
Miles Kington
Franglais!
Miles Kington
WELSH NATIONAL OPERA
WELSH NATIONAL OPERA
NICK LAIRD
NICK LAIRD
LEWIS JONES
THE HUNGRY YEARS
MAUREEN LIPMAN
Lip Reading

Lesen war meine erste bewusste Intimität – ein Akt, der es der Stimme eines anderen gestattete, in mich einzudringen, mich zu bewegen und zu berühren, in mir zu singen. Es war ein Gespräch mit den Toten, mit dem Unmöglichen, mit Träumen, die Fremde mir verschafften, zu meinem Entzücken, zu meiner Erkenntnis, zur Beseitigung meiner Einsamkeit. Lesen war das Wunder, mit den Augen eines anderen zu sehen.

A. L. KENNEDY

Schlagen wir ein Buch auf und lesen die ersten Sätze, so trifft uns eine bestimmte Wellenlänge, ein Ton ist angeschlagen. Der Ton, in dem dieses Buch zu uns sprechen wird. Ob wir als Leser unser inneres Orchester auf diesen Ton einstimmen können, das entscheidet sich nach wenigen Sätzen. Tatsache ist: das Werk, das in den nächsten Stunden in unserem Innern erklingt, ist eine Symphonie neuer, fremder und unserer eigenen Töne.

ANGELA KRAUSS

Das wirkliche Leben ist, regelmäßig kein Geld und dann kein Essen mehr zu haben. Das wirkliche Leben ist keine Heizung mehr zu haben. Das wirkliche Leben ist konkret. Gebt mir Bücher stattdessen, gebt mir die unsichtbaren Inhalte von Büchern, die Gedanken, die Ideen, die Bilder. Lasst mich Teil eines Buchs werden; ich würde alles dafür geben.

SCARLETT THOMAS

Nichts
verscheuchte
böse Träume
schneller als das
Rascheln von
bedrucktem
Papier.

CORNELIA FUNKE

IN PEOPLE
ijzerbedevaart
OF MANY COLORS
HUNTER S. THOMPSON
ENTERPRISE
HENRY HAZLITT
INDEPENDENT
THE CLOCK
Beatrice
SWORD
genis
Siddhartha
OVERWINTEREN
Macbeth
HERMANN HESSE
VICTOR
SPASMODIQUE
E-MAILGIDS
Dolley Payne Madison
The Selected Letters of
Diane Roberts Stoler, Ed.D., and Barbara Albers Hill
Het getuigenis
LOUIS PAUL BOON
EPISODE II
MOVEMENT

Wenn ich die Welt nicht
mehr ertrage, verkrieche ich
mich mit einem Buch, und
dann trägt es mich fort in die
Ferne, wie ein kleines
Raumschiff.

SUSAN SONTAG

Mit einem Buch
auf dem Schoß
war ich glücklich.
Ich fürchtete nichts mehr
außer einer
Unterbrechung.

CHARLOTTE BRONTË

Lesen

ist meine

Unterhaltung,

meine Ablenkung,

mein Trost.

SUSAN SONTAG

THE GREATEST
The only important thing in a book is the meaning that it has for you
best books first, or
have

OK HOP IN THE WORLD
more books
410
OPEN
JAGUAR
them at all.

Ich hab immer so die vielleicht kulturpessimistische Hoffnung, dass bei all unserem Wahnsinn, Smartphones, und den ganzen Sachen, die wir jeden Tag lesen, irgendwann mal so ein Digital-Detox einsetzt und wir das wieder lassen und einfach runter kommen müssen, weil wir einfach im Overkill sind. Und irgendwas anderes brauchen und vielleicht braucht's dann wieder Bücher? Keine Ahnung. Der Buchhandel war immer fast tot, kein Wachstum, nichts. Dafür funktioniert es schon ziemlich lange.

SIMONE BURDACH

Lesen ist ein großes Wunder.

MARIE VON EBNER-ESCHENBACH

Manche Wörter haben einen magischen Klang. Auch wenn man noch nie an diesen Orten gewesen ist oder sie in der Wirklichkeit heute vielleicht ganz anders sind oder schon immer ganz anders waren. Sansibar zum Beispiel, Samarkand, Kaschmir oder Shangri-La. Sie bringen uns zum Träumen – von fremden Welten und fernen Paradiesen. Wunschorte eben.

Es gibt noch einen Wunschort für mich. Das Wort an sich hat vielleicht keinen magischen Beiklang. Es kommt ziemlich bodenständig daher. Und doch entfaltet sich auf diesem Boden jeden Tag etwas Wunderbares,

Magisches, etwas, von dem ich mir wünsche, dass es immer wieder mit neuem Leben gefüllt wird. Dieser Ort ist nicht so weit weg wie Sansibar oder Samarkand. Gleichwohl hat es sehr viel mit meiner Sehnsucht zu tun. Und oft genug auch mit meinem Herzen. Es ist die Lieblingsbuchhandlung, gleich um die Ecke. Und da gehe ich jetzt hin.

DANIELA THIELE

QUELLENNACHWEIS

1 Georg Jäger (Hrsg.): Geschichte des deutschen Buchhandels im 19. und 20. Jahrhundert.

2 dito

3 dito

4 Women in the Literary Landscape: A Centennial Publication of the Women's National Book Association von Nancy Rubin Stuart.

BILDNACHWEIS

Seite 2 Buchhandlung Nouvelle, Paris 1860, Boulevard des Italiens (Bridgeman). Seite 4 Francis Donkin Bedford (1864-1954): Die Buchhandlung, 1899 (Alamy). Seite 6 Rebecca Campbell (Bridgeman). Seite 8 Cottonbro (Pexels). Seite 12 Annick Gaudreault. Seite 14 Nina George (© Julia Baier). Seite 21 Die Leihbücherei. Satirische Illustration, um 1830 (Bridgeman). Seite 24 Der Buchhändler (Alamy). Seite 29 John Dawson Watson (1832-1892): Der Bücherverkauf (Alamy). Seite 30 Bücherkauf, um 1890 (Alamy). Seite 32 Isaac Cruikshank (1756-1810): Die Leihbücherei, 1800-1801 (Yale Center for British Art). Seite 34 René Reinicke (1860-1926): Lesende Frau in einer Buchhandlung (Fliegende Blätter). Seite 41 Die Buchhändlerin, Paris, 1920er Jahre (Bridgeman). Seite 48 Thomas Rowlandson (1756-1827): Die Buchhandlung, London 1813 (Bridgeman). Seite 51 Die Buchhandlung. Pop-up-Buch, um 1960 (Bridgeman). Seite 53 Marina Uspenskaya (1927-2007): Illustration zu *Sit down and Listen* (Bridgeman). Seite 55 Bookmobile auf Cape Cod, Massachusetts, USA (Paper Moon). Seite 58 Lesende Frau am Bouquiniste-Stand, Paris, Seine-Ufer (Paper Moon). Seite 60 Boston Bookstore. Seite 62 Aubrey Beardsley (1872-1898): Buchhandlung (Plakat für *Pseudonym Library*). Seite 64 Aubrey Beardsley (1872-1898): Frau in einer Buchhandlung (Renaissance Books). Seite 68 Webster Murray (1899-1957): Höhere Bildung, 1926 (Renaissance Books). Seite 73 Plakat zum Film *The Book Shop*. Seite 74 Second Hand Buchladen, Berlin, Prenzlauer Berg (Alamy). Seite 76 Bedford Stuyvesant Library, Brooklyn, New York (Paper Moon). Seite 80 Wandbemalung an einem Haus in Luxembourg. Seite 82 Scarthin Book, Cromford, Derbyshire (Zitat von John Updike). Seite 84 Sylvia Beach vor ihrer Buchhandlung *Shakespeare and Company*, Paris (Paper

Moon). Seite 86 Sylvia Beach mit Ernest Hemingway vor ihrer Buchhandlung *Shakespeare and Company*, Paris (Paper Moon). Seite 89 Sylvia Whitman vor ihrer Buchhandlung *Shakespeare and Company*, Paris. Seite 90 Bookmobile, um 1900 (Paper Moon). Seite 95 Antonello Marangi: Turin (Alamy). Seite 96 Jeff Morgan (Alamy). Seite 100 Buchhandlung in Landskrona, Schweden, 1895 (Alamy). Seite 103 Mouka Studio (Alamy). Seite 106 thesearchingeyes. Seite 108 Will Howe Foote (1874-1965): Sonniges Interieur (VG Bild-Kunst). Seite 110 Susan Fox (Arcangel Images). Seite 114 Willy Belinfante (1922-2014): Buchhandlung (VG Bild-Kunst). Seite 116 Adam Custins. Seite 118 Kniel Synnatzschke (Plainpicture). Seite 120 Marina Uspenskaya (1927-2007): Gamborg Collection (Bridgeman). Seite 122 Onelio Marrero: Bei den Kunstbüchern, 2012 Seite 124 Willy Belinfante (1922-2014): In der Buchhandlung (VG Bild-Kunst).

Trotz sorgfältiger und gründlicher Recherche konnten vom Verlag nicht alle Künstlerinnen und Künstler, Rechteinhaber und Lizenzgeber festgestellt und ausfindig gemacht werden. Der Verlag ist für entsprechende Hinweise dankbar und wird rechtmäßige Ansprüche nachträglich honorieren.

2. Auflage 2022

ISBN 978-3-85179-482-3

Text von Nina George
Bildauswahl von Johannes Thiele
Gestaltung und Satz von Christina Krutz
Coverbild von Onelio Marrero:
Bei den Kunstbüchern, 2012.
Druck von Longo, Bozen

www.thiele-verlag.com